Wilhelm Heinecke

Die Regierungszeit des Gegenkönigs Hermann von Luxemburg

1081-88

Nach den Quellen dargestellt

Wilhelm Heinecke

Die Regierungszeit des Gegenkönigs Hermann von Luxemburg 1081-88
Nach den Quellen dargestellt

ISBN/EAN: 9783743396739

Hergestellt in Europa, USA, Kanada, Australien, Japan

Cover: Foto ©ninafisch / pixelio.de

Manufactured and distributed by brebook publishing software (www.brebook.com)

Wilhelm Heinecke

Die Regierungszeit des Gegenkönigs Hermann von Luxemburg 1081-88

Die

Regierungszeit

des Gegenkönigs Hermann von Luxemburg (1081-88)
nach den Quellen dargestellt.

Inaugural-Dissertation

der

philosophischen Facultät zu Jena

zur

Erlangung der Doctorwürde

vorgelegt

von

Wilhelm Heinecke,

Predigtamts-Candidat und Reallehrer.

Jena, 1867.
Druck von W. Ratz.

Einleitung.

Das Argument, welches Papst Gregor VII. für sein Verfahren gegen den Kaiser Heinrich IV. aus der Absetzung des Königs Childerich durch päpstlichen Machtspruch entnimmt, (in dem Briefe an Hermann v. Metz im *Reg.* und bei *Hugo Flaviniac.*) beweist, wie schon Waltram in seinen Apologieen darthut, für den vorliegenden Fall allerdings nicht das Mindeste; wohl aber hatte jener Papst Grund genug gerade diese Thatsache zu betonen. Durch die Beseitigung der Merowinger nämlich, deren Herrschaft über die Franken noch auf uralten heidnischen Traditionen beruhte, hat das Papsttum eine fortlaufende Beziehung zu der folgenden Dynastie und dadurch auch zu den spätern Nachfolgern des grossen Karl gewonnen. Letzterer empfing aus den Händen des Papstes die Kaiserkrone, das Zeichen der Weltherrschaft. Freilich konnte es dem gewaltigen Herrscher nicht einfallen, seine starke Hand auch nur in einer Beziehung unter die damals noch sehr schwankende Herrschaft des Bischofs von Rom zu beugen; allein dem Scheine, als könne der letztere die Kaiserkrone vergeben, war auch für die Folgezeit Bahn gebrochen. Unter den schwachen Nachfolgern Karls zerrann die Einheit des von dem grossen Kaiser beherrschten Reichskörpers; Italien, West- und Ostfranken blieben getrennte und durch den Kampf der verschiedenen Interessen sogar oft in Streit verwickelte politische Ganze; doch der Zersetzungstrieb des Reiches breitete sich selbst innerhalb dieser Einheiten weiter aus, so dass Ostfranken, welches uns hier zunächst interessirt, zur Zeit des ersten Konrad nur noch ein Aggregat selbstständiger Herzogtümer genannt werden konnte. So geschah es, dass man die Einheit der christlichen Welt nicht mehr im Reiche, sondern nur in der immer mehr unter Rom's Oberherrschaft gerathenden Kirche dargestellt sah. Als der grosse Liudolfinger Otto an der Spitze des ostfränkischen oder deutschen Reiches die Kaiserkrone gewann und Italien eroberte, als das Westfrankenreich nebst Burgund, durch Parteienzwist machtlos, dem Einflusse des neuen Kaisers unterworfen war, als Otto sogar nach Norden und Osten die Reichsgrenzen überschritt und der Glanz des sächsischen Edelings weithin strahlte, während ein sittenloser Knabe den Stuhl Petri befleckte, da hätte freilich Niemand ahnen können, ein wie gefährlicher Feind dem erneuten Kaisertume aus dem Papsttum erwachsen sollte. Otto's Sohn und Enkel genossen die Früchte seiner Thaten; aber die Kürze ihres Lebens und Mangel an politischer Weisheit stellten die gewonnenen Resultate abermals in Frage. Heinrich II. und der Salier Konrad waren, wenn auch nicht mit glänzenden Eigenschaften begabt, doch Männer von Kraft und Verstand; in Heinrich III. aber, dessen schwarzgelocktes Haupt die Häupter der Zeitgenossen überragte, erhob sich der Stern des deutschen Kaisertums zu seinem höchsten Glanze; er herrschte über Kirche und Staat. Und doch liegen gerade in seiner Regierung die Quellen des Unglücks, das nach seinem frühen Tode über sein erlauchtes Geschlecht hereinbrach. Es gelang ihm weder die Inhaber des Stuhles Petri und die Kirche dadurch zu gewinnen, dass er durch Abstellung von Missbräuchen und allerlei Begünstigungen ihre Macht erhöhte, noch jene Gewalten zu bändigen, welche stolz auf früher errungene Selbstständigkeit nur ungern die drückende Aufsicht einer kräftigen Centralgewalt ertrugen. Als daher nach seinem Tode nur ein unmündiges Kind als sein Erbe zurückblieb, zerrissen die Herzöge die Ketten, von denen sie bis dahin umschlungen waren; in Gregor aber fand die schon seit lange hergebrachte Herrschsucht des Oberpriestertums einen kräftigen und politisch klugen Vertreter. Beide verbanden sich gegen die herrschende Dynastie und bereiteten dadurch dem Träger der Kaiserkrone einen langwierigen Kampf, einen Kampf, welcher eigentlich den Angelpunkt der Geschichte des Mittelalters bildet; denn in ihm sind alle leitenden Ideen und Prinzipien der Zeit zu Tage getreten. Wir aber wollen versuchen, einen kurzen Abschnitt dieses Kampfes näher zu beleuchten und knüpfen diese Untersuchung zunächst an die Person Hermanns von Luxemburg.

Was die für unsern Zweck heranzuziehenden Quellen betrifft, so dürfte für das auf Hermann Bezügliche Bernold besonders zu nennen sein; allein seine Angaben sind dürftig. Für die sächsischen Verhältnisse ist der sächsische Annalist besonders werthvoll. Die Chroniken von Sigebert und Ekkehard geben wenig Ausbeute; letzterer ist in der Zeitfolge der Thatsachen sehr verworren. Ueber einzelne Begebenheiten, sowie über die Prinzipienfragen ist Waltram: *Apologia Heinrici IV* (bei Goldast) heranzuziehn. Die *Vita Altmanni, Bennonis Heinrici IV.* (von Otbert?) u. a. enthalten fast nur zerstreute Notizen. Ueber die Vorgänge bis zu Hermanns Krönung ist entschiedene Hauptquelle Bruno. Berthold, welcher ebenfalls nur bis 1080 geht, bietet wenig. Zur Beurtheilung des Kampfes im Ganzen haben wir auch Lambert herangezogen. Ueber Otto von Nordheim, dessen Person auch unter Hermanns Regierung sehr in den Vordergrund tritt, wären die *Annales Altahenses* ed. Giesebrecht näher zu vergleichen, wenn wir dieser dürftigen, zerstückelten und durchaus nicht sehr glaubwürdigen Quelle irgendwelchen Werth zuzugestehen vermöchten. Ueber Hermanns Geschlecht geben die lothringischen Annalen (*Gesta Treverorum* mit Additamenten, *G. Godefridi archepiscopi* und *Chronikon Hugonis Flaviniacensis*) nur vereinzelte Bemerkungen.

Die betreffenden Citate haben wir aus *Pertz, Monumenta G.* (*Scriptor. V, VI, VIII, XV*); nur für Waltram aus Goldast entnommen; nähere Quellenangaben werden bei den einzelnen Abschnitten folgen.

I. Das Geschlecht der Luxemburger.

(Weck: Hessische Landesgeschichte III und Köhler: Genealogia Lux.)

Wo die Sandfelsen der lothringischen Hochebene von dem tief einschneidenden Alzigthal durchbrochen werden, erhebt sich noch heute auf dem mit Festungswerken aus allen Zeitaltern gekrönten Felsen die Feste Luxemburg. In vielfachen Krümmungen umfliesst das Flüsschen die steil abstürzende Felswand und bildet so fast auf allen Seiten einen natürlichen Graben. Hier sass schon in alter Zeit das mächtige Geschlecht der Luxemburger. Um das Jahr 900 war Wicherich, Graf im Bedgau und zu Trier, Haupt des ardennischen Hauses, das sich unter seinen Söhnen in eine Verdun'sche und Barische Linie schied. Aus einer späteren Heirat seiner Gemahlin Kunigunde mit Richwin entsprang Graf Sigfrid; dadurch der Stifter des Luxemburgischen Grafenhauses, das er die auf Grund und Boden der Abtei St. Maximin gelegene Feste Luxemburg durch Vergleich mit dem Abte eintauschte. Indem er auch den Ardennergau mit seinen Nebengauen gewann, brachte er die spätere Grafschaft Luxemburg an sein Haus. Dadurch ferner, dass Richwin II. sich mit Gertrud, der Erbtochter des Frankenherzogs Eberhard († 937) vermählte, fielen auch die Allodien Eberhard's in Franken und Hessen, vor allem die Grafschaft Gleiberg im Lahngau, an das Luxemburgische Haus. Von Sigfrid entspross eine mächtige Nachkommenschaft. Seine Tochter Kunigunde war die bekannte Gemahlin Kaiser Heinrichs II., sein Sohn Heinrich Herzog von Baiern, ein anderer, Dietrich, Bischof von Metz. Adelbert, Propst von St. Paulin, strebte, sogar gegen den kaiserlichen Willen, nach dem Erzbistum Trier (*Gesta Trever. c.* 30). Unter den Söhnen des Grafen Friedrich waren die Herzöge Heinrich von Baiern und Friedrich von Niederlothringen, welcher letztere sich unter der Kaiserin Agnes gegen das Reichsregiment erhob, ferner Adelbert Bischof von Metz und Hermann, Pfalzgraf zu Achen. Seine Tochter Irmintrud vermittelte durch Heirat mit dem schwäbischen Grafen Welf, Vater des Kärnthner Herzogs Welf († 1055) und Grossvater des in dem Kriege mit Heinrich IV. erscheinenden Herzogs von Baiern, die Verwandtschaft ihres Hauses mit den Welfen. Von den übrigen Söhnen Friedrichs ererbte Giselbert die dem Hause schon früher zugehörigen Grafschaften Salm und Luxemburg, und unter dessen Söhnen ward der ältere, Konrad, Graf von Luxemburg, der jüngere, der uns interessirende Gegenkönig, Graf von Salm. So war das Geschlecht der Luxemburger mächtig durch Grundbesitz und hohe Verwandtschaft. Wie diese durch Heirat mit dem sächsischen Kaiserhause und den Welfen zu Stande kam, haben wir bereits gesehn. Nach einer Genealogie bei Pertz (M. G. Sc. VI p. 32) waren die Luxemburger sogar mit den Karolingern verwandt; denn Karls des Kahlen Sohn Ludwig war Vater einer Irmintrud, der Grossmutter des Grafen Sigfrid. Kremer (ardenn. Geschichte) und Stenzel (Geschichte der fränk. L. I. p. 8. Note 25) nehmen auch eine Verwandtschaft mit den Saliern an, da Kaiser Konrad II. und Propst Adalbero zu Trier Geschwisterkinder von Mutterseite her genannt werden (*cf. Albericus mon. ad* 1024).

II. Hermann's Wahl.

Der Tod des Gegenkönigs Rudolph (16. October 1080) schien das Ende des unheilvollen Kampfes zwischen den Sachsen und Kaiser Heinrich IV., welcher nun schon so lange zum Unheile beider streitenden Parteien andauerte, herbeiführen zu wollen. Der Kaiser selbst glaubte es (Bruno c. 125), erachtete den Tod seines Gegners gleich dem vollständigsten Siege und rückte gegen Goslar vor, um hier Weihnachten zu feiern. Aber die Sachsen, wohl durch den Sieg an der Elster ermuthigt, rückten ihm entgegen, und gewaltsam die Unterwerfung herbeizuführen, war er nicht stark genug. Er betritt also den Weg der Unterhandlung, will zu Gunsten seines Sohnes Konrad auf Sachsen verzichten und dasselbe nie wieder betreten. Aber Otto von Nordheim, welcher die Entschlüsse der Sachsen leitet, will weder vom Vater noch vom Sohn etwas wissen. Darauf will Heinrich sogleich nach Italien ziehn, um hier den Widerstand an der Quelle zu ersticken, jedoch die Seinigen fürchten von der Rache des Sachsen für ihre benachbarten Besitzungen und versuchen abermals Verhandlungen mit den Feinden auf einer Zusammenkunft im Kaufunger Walde. Dahin kommen von Seiten der Kaiserlichen: die Erzbischöfe von Cöln und Trier, die Bischöfe von Bamberg, Speier, Utrecht; von Seiten der Sachsen: die Erzbischöfe von Mainz, Magdeburg, Salzburg und die Bischöfe von Paderborn und Hildesheim. Gebhard von Salzburg führt für die Sachsen das Wort: „Gewissen und Eid nur hindern sie, Heinrich aufzunehmen; im Uebrigen wollen sie alles erlittene Unrecht vergessen"! Sie verlangen ferner eine Disputation über den Punkt, ob Heinrich König sein könne oder nicht. Darauf können die Kaiserlichen selbstverständlich nicht eingehn; sie verweisen diese Streitfrage auf eine allgemeine Reichsversammlung; inzwischen sollen von Mitte Februar bis Mitte Juni die Waffen ruhn. Wiederum aber bewirkt Otto von Nordheim die Ablehnung des Waffenstillstandes. Somit ist jeder Weg zum friedlichen Vergleiche abgeschnitten. Anfangs März 1081 ging Heinrich nach Italien, um Gregor ab- und einen neuen Papst einzusetzen, die Sachsen aber schritten zur Wahl eines neuen Oberhauptes.

Sie senden deshalb Botschaft an Freunde und Feinde. Wahrscheinlich blieb diese Botschaft ohne Erfolg. Im Juni (1081) fallen sie dann verheerend in Ostfranken ein und vereinigen sich unweit Bamberg mit den ihnen entgegenziehenden Schwaben. Wir sind in Darstellung dieser Verhältnisse Bruno c. 125 ss. gefolgt, der uns hier, trotz des tendenziösen Charakters seiner Schrift im Ganzen, glaubwürdig erscheint. Ueber den Wahlact ist ausser Bruno zu vergleichen: *Bernold ad* 1081. *Ekkehard ad* 1082. *Chron. Peterhus. ad* 1081. *De vita et obitu Heinr. IV p.* 210. *Vita Bennonis ad* 1082. *Vita Altmanni p.* 40. *Marianus Scotus. Annales Iburgenses ad* 1081. *Annal. Augustani ad* 1081. *Ann. Palidenses ad* 1082.

Demnach ist der Wahlact selbst genügend bezeugt, ebenso unterliegt wohl das Datum desselben, der Laurentiustag (9. August), keinem Zweifel. Unsicherer steht es um den Wahlort. Das *Chron. Petershus.* ad 1081 und die *Annal. Iburg.* nennen als solchen Ochsenfurt (Osinvurt). Aus keiner der Quellen wird aber klar, ob Hermann bei der Wahl zugegen war oder nicht. Der in den Thatsachen glaubwürdige Bernold nennt Hermann als Sieger in der Schlacht bei Höchstädt. Diese aber ward geschlagen am 11. August. Da nun Ochsenfurt am Main, Höchstädt aber an der Donau lag (Ekkehard nennt Hochstein *ad Danubium*), so konnte Hermann wohl unmöglich am 9. August zu Ochsenfurt bei der Wahl zugegen sein und am 11. die Schlacht bei Höchstädt schlagen. Offenbar befand sich Hermann vielmehr im Lager Welfs, welcher die Schlacht bei Höchstädt gegen Herzog Friedrich schlug. Welf erkannte dann ebenfalls die Wahl Hermanns an. Das wird zu verstehen sein unter der Notiz der *Annal. Aug.* ad 1801, dass Herzog Welf König Hermann gewählt habe. Dass übrigens die Erinnerung an den Wahlort bald verloren ging, beweist die spätere Tradition. So geben die *Annales Palidenses* ad 1082 an: Hermann ward Knoblauchskönig genannt, weil er in der Knoblauchsstadt Eisleben gewählt war. Der letztere Zusatz beweist das Sagenhafte dieser Angabe. Am 26. December 1081 ward Hermann dann durch Erzbischof Sigfrid von Mainz in Goslar gesalbt und gekrönt. Er war nach der Schlacht bei Höchstädt nach Sachsen zurückgekehrt und unternahm noch vor Ostern 1082 einen Feldzug gegen die Feste Iburg, um den Bischof Benno von Osnabrück von der kaiserlichen Partei zu bekriegen (*Vita Bennonis* und *Annal. Iburg.*). Die Belagerung der Feste blieb ohne Erfolg. Dann ging er nach Schwaben, um Gregor gegen Heinrich Luft zu machen, wurde aber durch den am 11. Januar 1083 erfolgten Tod Otto's von Nordheim, seines in Sachsen zurückgelassenen Statthalters, genöthigt, seine Rüstungen zu dem Zuge nach der Lombardei einzustellen und in Eilmärschen durch Ostfranken nach Sachsen zurückzukehren, um der nach Otto's Tode drohenden Spaltung unter den Sachsen vorzubeugen (*Bernold* und *Ekkehard ad* 1083). Welf eroberte im Jahre 1084 den wichtigen Bischofssitz Augsburg und setzte Wigold nach Vertreibung des feindlichen Sigfrid als Bischof dort ein.

III. Otto von Nordheim.

Es sei uns an dieser Stelle erlaubt, auf den Leiter des sächsischen Aufstandes, Otto, früher Herzog von

Baiern, einen kurzen Blick zu werfen. Von ihm gilt wohl besonders des Dichters Wort: „Von der Parteien Gunst und Hass verwirrt schwankt sein Charakterbild in der Geschichte." Flotho (Geschichte Heinrichs IV.) hält ihn, im Ganzen Lambert folgend, für einen Mann „ohne Furcht und Tadel", die *Annales Altaheness* stellen ihn als einen tückischen Intriguanten dar. Er soll in Baiern den Aufruhr genährt und sogar den elenden Egino zum Morde gegen Heinrich aufgestachelt haben. Letztere Thatsache hält sogar Giesebrecht, der Herausgeber und Vertheidiger der Annalen, für eine unglaubwürdige Erfindung, und dass Otto seinen Einfluss in Baiern unmöglich für denjenigen in die Wagschale legen konnte, der ihn eben dieses Herzogtums beraubt hatte, wird ein billiges Urtheil zugestehen. Auch Stenzel hat ihn wohl zu hart beurtheilt.

Otto befand sich in einer peinlichen Mittelstellung zwischen den streitenden Parteien. Heinrich IV. hatte ihn auf einen, wenigstens unbewiesenen Verdacht hin seiner Güter beraubt und ihn in's Elend gestürzt, die sächsischen Fürsten aber hatten ihn nicht nur in seinem Rechte nicht unterstützt, sondern sogar zu dieser unbilligen Handlungsweise die Hand geboten. Wenn sein ganzes Benehmen daher während des Kampfes nicht ohne Zweideutigkeit ist, sein Parteienwechsel immerhin einen Makel auf ihn werfen muss, so ist seine eigentümliche Lage wohl zu berücksichtigen. Wenn die ruchlose That von Kaiserswerth als eine dunkle Wolke über seinem Bilde hängt, so ist seine aufopfernde Freundschaft für Herzog Magnus und der uneigennützige Schutz, den er dem Kloster Corvey gegen die Habsucht Adalberts, sowie dem armen Widerad von Fulda gegen Hezel von Hildesheim angedeihen liess, doch gewiss auch für ihn in die Wagschale zu legen. Seine spätern häufigen Wandlungen würde ein billiges Urtheil wohl für verunglückte Versuche der Vermittlung zwischen Heinrich und den Sachsen ansehen können. Als Otto zum ersten Male gegen Heinrich auftrat, geschah dies aus Nothwehr in einem Verzweiflungskampfe. Seitdem er zu den Häuptern des sächsischen Aufstandes gehörte (*Lomb. ad* 1075), war sein Streben ebenso gut darauf gerichtet, einen ehrlichen und sichern Vergleich zwischen den Parteien zu Stande zu bringen, als darauf, die Sachsenpartei energisch zusammenzuhalten, so lange einmal dieser Vergleich nicht zu erreichen war. So drohte der Bund zwischen Thüringern und Sachsen nach der Schlacht an der Unstrut sich zu lösen (*Lamb.* 231, 20); ja unter den Sachsen selbst geriethen Fürsten und Volk in Zwist; Otto hielt alles zusammen (*Lamb.* 231, 10). Er trat wieder auf Heinrichs Seite und hoffte diesen zum Frieden bewegen zu können. Allein Heinrich überschritt die Grenzen der Billigkeit nach dem Vertrage von Spira. Was sollte Otto, welcher als kaiserlicher Statthalter auf der Harzburg sass, nun thun? Sollte er, selbst ein sächsischer Edelmann und einst Herzog, seinen damals unglücklichen Landsleuten die letzte Hoffnung entreissen helfen, sollte er die Traditionen des Herzogtums so weit verleugnen, dass er der damals drohenden kaiserlichen Allgewalt selbst Vorschub geleistet hätte, sollte er selbst an den sächsischen Zwingburgen mit bauen? Er wandte sich zu den Sachsen zurück, und als Heinrich zu keinem

Frieden zu bewegen war, erklärte er die Sache seines Volkes nicht verlassen zu wollen. Er bleibt von jetzt an seiner Partei treu, leitet ihre Entschlüsse, kämpft und siegt in ihren Schlachten und reicht selbst dem Manne, welcher ihn im Unglücke am schmählichsten verlassen hatte, dem Herzog Welf, die Hand zum Bunde und den Mund zum Friedenskusse, um die Einheit der Sachsen und Schwaben, auf welcher das Gelingen des Kampfes beruhte, zu fördern. Dass er von Rudolph Wiedereinsetzung in sein Herzogtum verlangte, ist eine durchaus nur billige Forderung. Sein Benehmen gegen diesen ist ohne Wandel und Rückhalt. Noch einmal schwankte er nach Rudolph's Tode; trat aber dann auf die Seite Hermann's und blieb, wie wir sahen, als dessen Statthalter in Sachsen zurück, da jener sich entfernte, um nach Italien zu ziehn. Wie wichtig seine Person für die Sache der Sachsen war, ersehen wir aus der eiligen Rückkehr Hermann's nach seinem Tode. Otto von Nordheim ist ein redendes Beispiel für die zerrüttende Wirkung jenes unseligen Parteienkampfes, welcher auch ursprünglich edlen Seelen und tapferen Herzen den Boden unter den Füssen hinwegnahm und Männer, welche für des Reiches Einheit und Wohlfahrt so viel hätten thun können, ihre Waffen in brudermörderischem Kampfe gegen einander kehren liess, so dass unser Volk, das edelste von allen, eine Beute herrsch- und habsüchtiger Priester geworden ist.

Otto von Nordheim ist der Sohn einer Zeit, in welcher zum ersten Male Treubruch und Meineid für ein Gott wohlgefälliges Beginnen erklärt wurden und zwar durch einen Mund, der der Christenheit als der geheiligtste galt. Jedes Blatt der Geschichte jener Tage bezeugt, bis zu welchem Gipfel die Zerrüttung aller sittlichen und rechtlichen Verhältnisse in jener Zeit stieg; diese Zeit wenigstens hatte kein Recht und keinen Grund, auf Otto einen Stein zu werfen.

IV. *Der Kampf Hermann's mit Heinrich IV.*

Ostern 1084 war Hermann in Goslar und suchte das durch Krieg und Zwiespalt zerrüttete Sachsen durch Aufrichtung eines Gottesfriedens zu beruhigen. Kaum hielt er die auseinanderstrebenden Theile seiner Partei noch zusammen. Schon 1080 vor der Schlacht bei Flarchheim war eine Spaltung unter den Sachsen eingetreten; Widekind, Wiprecht, Dietrich und viele andere Sachsen traten zu Heinrich IV. über, Markgraf Ekbert, eines der mächtigsten Parteihäupter, wartete in neutraler Haltung die Entwicklung der Dinge ab (*Bruno c.* 117).

Schon früher suchten Herzog Magnus selbst und sein Onkel Hermann mit ihrem Anhange die Sache Rudolphs zu verlassen (*Berthold p.* 325, 45); das Dasein einer der Sache Heinrichs günstigen Partei in Sachsen ist demnach wohl nicht zu bezweifeln. Diese meint Bruno unter den *fautores Heinrici* (*c.* 131), welche Otto von Nordheim zu gewinnen suchen. So standen die Sachen in Sachsen, als Heinrich IV. von Italien nach Deutschland zurückkehrte. Am 17. Juni 1084 war er in Verona (*cf. Böhmer Reg. Nr.* 1909), im August in Schwaben am Lech. Zunächst drehte sich der Kampf um Augsburg, woselbst Herzog Welf an Sigfrids Stelle Wigold als Bischof eingesetzt hatte (s. oben und *Bern. ad* 1084. *Annal. Aug. ad* 1084. *Ekkeh. ad* 1083). Heinrich nahm die Stadt wieder und lagerte dann den Feinden gegenüber am Lech (*Ekkeh.* und *Bern.*) Zum Kampfe kam es nicht; Heinrich ging nach Regensburg und war im October bereits in Mainz (*Reg. Nr.* 1911), woselbst er an die Stelle des am 16. Februar 1084 gestorbenen Erzbischofs Sigfrid den Halberstädter Kleriker Wezel erhob, welcher in der Folgezeit unter seinen Anhängern bedeutend erscheint. Dass der offene Kampf auf diese Weise keine Resultate erzielen konnte, ist wohl klar; deshalb wollte man den Streit zunächst statt durch das Schwert durch das Wort entscheiden. Es erfolgt also zunächst das Colloquium zu Berkach (*cf. Bernold ad* 1085. *Ekkeh. ad* 1085. *Annal. Saxo. ad* 1085. *Annal. Iburg. ad* 1084; *Waltram Apol. II*, 19; die Verhandlungen besonders bei *Ekkehard* und *Annalista Saxo.*)

Anm. Als Orte des Colloquiums werden Berkach und Gerstungen genannt. Da beide nahe bei einander lagen und ausserdem die Zeitbestimmung bei allen Angaben dieselbe ist: 20. und 21. Januar 1085, so ist entschieden nur ein Colloquium gemeint. Vielleicht lagerte die eine Partei in Berkach, die andere in Gerstungen, und die Verhandlungen wurden bald hier bald dort gepflogen.

Die oben erwähnten Quellen geben uns ein lebhaftes Bild der Verhandlungen. Es handelte sich dabei um die vorzüglichste Streitfrage, um Heinrichs Excommunication. Die Kaiserlichen bestreiten die Rechtmässigkeit derselben, da nach einer kanonischen Bestimmung kein seines Eigentums Beraubter angeklagt und verdammt werden könne, Heinrich aber schon vor Erlass des Bannes aus Sachsen vertrieben gewesen sei. Die Gegner dagegen stützten sich darauf, dass der gegenwärtigen Versammlung die Competenz fehle, über einen Spruch des Papstes zu richten, „weil ihm das Gericht über die ganze Kirche zustehe. Gebhard von Salzburg und Wezel von Mainz führten auf beiden Seiten das Wort. Die Zusammenkunft war erfolglos, wie sich voraussehen liess; wichtig war dabei höchstens der Eindruck, den die Verhandlungen auf das in grossen Massen gegenwärtige Volk machten. Dass Waltram seiner Partei den Sieg zuschreibt, kann natürlich wenig beweisen; aber auch nach dem Berichte des sächsischen Annalisten scheint der Erfolg desselben für die Sachsenpartei nicht gerade günstig gewirkt zu haben; denn diese sieht sich gezwungen, kurz darauf ihre Reihen zu mustern. Sachsen und Thüringer kommen am andern Tage zusammen, um zu erforschen, auf welche der Ihrigen sie sich verlassen können oder nicht. Auf Udo von Hildesheim, seinem Bruder Konrad und dem Grafen Dietrich ruht insbesondere der Verdacht der Abtrünnigkeit; sie leugnen nicht, mit der Gegenpartei in Verbindung getreten zu sein, wohl aber sich Heinrich unterworfen zu haben. Man greift sie an; Dietrich fällt, Udo und Konrad müssen fliehen. Udo, welcher nach der *Vita Bennonis* (p. 195), durch Benno von Osnabrück überredet, sich schon seit 1082 auf Heinrichs Seite neigte, wurde von diesem zu Fritzlar gütigst aufgenommen und als Vermittler des Friedens zu den Sachsen gesandt. Heinrich verspricht, den Sachsenspiegel unverhohlen anzuerkennen und jede Verletzung desselben zu strafen. Durch die Gewährung dieser Bedingung gewann Udo Viele. Nachdem der Kaiser sich auf diese Weise gleichsam den Boden geebnet hat, rückt er selbst mit Heeresmacht in Sachsen ein.

Hermann rückt ihm entgegen; allein der beschworene Gottesfriede der bevorstehenden Quadragesimalzeit hindert den Kampf. Aber auch ohne Krieg gewinnt Heinrich durch die fortgehende Auflockerung der Einheit unter den Gegnern immer mehr Boden in Sachsen; ja es entsteht ein allgemeiner Wettkampf, Heinrichs Wohlwollen zu gewinnen und sein Recht anzuerkennen; während Bischöfe und Erzbischöfe sich vergeblich der Wandlung der öffentlichen Meinung entgegenstemmen. Als Grund dieser Thatsache gibt der s. Annalist an, dass damals nach dem Tode der älteren Häupter ganz junge Leute an der Spitze der Bewegung gestanden hätten, welche Heinrich eben durch die Gewährung des oben erwähnten nationalen Rechtes gewann. Wirklich war dadurch, dass Heinrich den von den Sachsen beanspruchten Rechtsboden anerkannte, jeder principielle Streitpunkt gehoben, und wenn jene „jungen Fürsten" sich wirklich aus diesem Grunde zum Frieden neigten, so war dies gewiss kein Beweis von Mangel an politischer Weisheit.

Wirklich ist der Kampf nur durch den Hass der Bischöfe und den wilden Ehrgeiz Einzelner wieder begonnen und fortgeführt worden. Wie wenig sich derselbe noch um das drehte, was die Sachsen ursprünglich verfochten, nämlich ihre nationale Stammesfreiheit, und eine wie klägliche Rolle König Hermann in diesem Streite spielte, wird aus dem Folgenden noch näher erhellen.

Wir werfen zunächst einen Blick auf die Synode zu Quedlinburg (vgl. besonders *Waltram II, c.* 23 und *Bernold*). In der Osterwoche 1085 waren König Hermann, der päpstliche Legat, die Bischöfe und weltlichen Häupter der sächsischen Partei in Quedlinburg zu einer

Synode versammelt. Zuerst trat der Legat Otto von Ostia mit der Behauptung auf, die Ehe König Hermanns sei wegen zu naher Verwandtschaft ungiltig und verlangte eine Ehescheidung. Allein die Bischöfe erachteten diese — allerdings den Interessen ihrer Partei wenig dienliche — Untersuchung für unzeitgemäss und wiesen sie wegen Mangels an gesetzlichen Anklägern ab. Danach verlangte der Legat die Rückstellung der von Sachsen und Thüringern geraubten Kirchengüter. Auch diese Angelegenheit „missfiel" den Bischöfen; natürlich! denn zu den Kirchenräubern gehörten ja viele der Anwesenden selbst. Sie drängten vielmehr zu dem Punkte, auf den es ihnen besonders ankam, zu der Erneuerung des Bannes über Heinrich und dessen Kundmachung vor allem Volke. **Offenbar galt ihnen dieser Bann als das geeignetste Mittel der Agitation!** Wie wenig fanden doch die gutgemeinten Reformtendenzen des ehrlichen Legaten Anklang bei jenen Bischöfen, die offenbar weder der Kirche noch des Reiches Wohlfahrt, sondern vor allem nur die Befriedigung ihres Hasses gegen ihren rechtmässigen Kaiser und Herrn im Auge hatten! Heinrich dagegen versammelte die Seinigen wenige Wochen nach der Synode zu Quedlinburg zu einem Concil in Mainz (vergl. darüber *Ekkehard ad* 1085. *Waltram II, c.* 20 und 23 und die Briefe an Robert von Bamberg im *Codex Udalrici* Nr. 191 und 194). Als die Hauptpunkte, die hier zur Sprache kommen sollten, werden angeführt: 1) die Herstellung des Kirchenfriedens, 2) die Beilegung des sächsischen Aufruhrs, 3) die Erledigung der Metzer Bischofsangelegenheit (*Cod. Udalr.* Nr. 191). Es erschienen hier ausser dem Kaiser selbst

Legaten des Papstes Clemens, die Erzbischöfe von Mainz, Trier und Köln, die Bischöfe von Verdun, Lüttich, Eichstädt, Freisingen, Regensburg, Bamberg, Speier, Constanz, Lausanne, Augsburg, Prag, Hildesheim, Paderborn, Münster, Minden. Wezel von Mainz führte auch hier den Vorsitz. Feierlichst wurden zuerst die vorgeladenen, aber nicht erschienenen Gegenbischöfe mit dem Anathem belegt; es waren Gebhard von Salzburg, Hartwig von Magdeburg, Adalbero von Würzburg, Altmann von Passau, Adalbert von Worms, Burkhard von Halberstadt, Werner von Merseburg, Günther von Zeitz, Benno von Meissen, Hartwig von Verden, Hermann von Metz und die Gegenbischöfe: Reichard von Minden, Wigolt von Augsburg, Gebhard von Constanz, Heinrich von Paderborn. Auch König Hermann wurde hier als Majestätsverbrecher und Feind des Kirchenfriedens verdammt. Als hauptsächlichster Zweck dieses Concils muss aber angesehen werden, dass man hier die so lange zerstörte Einheit der Kirche und des Reichs darzustellen versuchte. Darum macht Waltram mit Nachdruck geltend, dass dieses Concil als ein allgemeines anzusehen sei, welches die Uebereinstimmung aller Bischöfe für sich habe. Dass freilich der Riss in Reich und Kirche sich nicht durch Synoden und Concile heilen liess, war klar; aber Heinrich hatte doch auf diesem Felde das Mögliche gethan und wandte sich nun der dringendsten Aufgabe zu, den immer wieder auflebenden sächsischen Aufstand zu unterdrücken. Auf diesen müssen auch wir jetzt unsere Blicke lenken (*cf. Bernold ad* 1085 u. 86. *Ekkeh. ad*

1085. 86. *Sigebert ad* 1085. 86. *Annal. Saxo ad* 1085. *Waltram II, c.* 33. *Annal. Aug. ad* 1085. 86).

Wir sahen, dass der Kaiser im Jahre 1085 hoffen konnte, ohne weitern Kampf den sächsischen Aufstand beendigt und dadurch das Reich beruhigt zu sehen. Mitte Sommers sollte der bereits eingeleitete Friede zwischen Heinrich und den Sachsen abgeschlossen werden; wie kam es, dass der Aufstand plötzlich wieder auflebte? Bernold erzählt, Heinrich habe die bereits Gewonnenen durch erneute Tyrannei wieder von sich abgewendet, und Sigebert, dass die schon zum Frieden gestimmten Sachsen sich wieder erhoben hätten, weil Heinrich die Begnadigung der früher Geächteten nicht habe zugestehen wollen, aufgereizt durch Markgraf Ekbert. Wenn nun Bernold ausserdem angibt, dass nur die Bischöfe und „einige" Fürsten Hermann treu geblieben wären, so muss es ausser den Anhängern Heinrichs und Hermanns noch eine dritte sehr zahlreiche Partei in Sachsen gegeben haben, und diese war offenbar diejenige, an deren Spitze der im Verlaufe der Dinge bedeutend hervortretende Ekbert sich stellte. Offenbar benutzte er auf der einen Seite die Fehler des Kaisers, auf der andern die Machtlosigkeit Hermanns, um selbst nach der Krone zu streben. Waltram (*l. II, c.* 35), der in diesem Punkte ja ganz unparteiisch ist, versichert dies ausdrücklich.

Durch Ekberts plötzlichen und unvermutheten Angriff überrascht zog sich Heinrich gegen Franken hin zurück; kehrte aber bald zurück und richtete sein Augenmerk vorzüglich auf die Beseitigung seiner erbittertsten Feinde, der Bischöfe Hartwig von Magdeburg und Burkhard von Halberstadt. Er vertrieb beide und setzte an

Burkhards Stelle Hamezo, an Hartwig's Stelle den gleichnamigen Abt aus Hersfeld, welcher ihm schon früher im Verein mit Udo von Hildesheim gute Dienste geleistet hatte (Waltram II, c. 28). Burkhard und Hartwig mussten nebst König Hermann zu den Dänen fliehen, und Heinrich ward mit kaiserlicher Ehre in Magdeburg empfangen. Thüringer und Sachsen unterwarfen sich; als aber Heinrich sein Heer entliess, standen sie wieder auf. Heinrich musste aus Sachsen weichen und sich in gesichertere Theile des Reiches zurückziehen. Im November war er in Regensburg; December in Worms (*Böhmer Reg. No.* 1915. 16. *Annal. Aug. ad* 1085). Die vertriebenen Bischöfe kehrten alsbald zurück; auch König Hermann finden wir um Weihnachten wieder in Sachsen (*Bern. ad* 1086). So waren die scheinbar glänzenden Früchte des Jahres 1085 durch den Aufstand Ekberts und Mangel an Vorsicht auf Heinrichs Seite wieder verloren und die Neujahrssonne des folgenden Jahres lud auf das vielgeprüfte Haupt des Kaisers neue Sorgen. Aber dieser war nicht weniger hartnäckig und unermüdlich in der Verfolgung seines Zieles, als seine Gegner; bereits im Januar 1086 unternahm er einen „neuen Zug „mit grossem Heergefolge" (*Bernold* und *Annal. Aug. ad* 1086). Er konnte nicht, wie er wünschte, die Feinde mit einem Schlage vernichten, da ihre Abtheilungen zu zerstreut waren, und, was die Hauptsache war, er konnte sich auf die Seinigen selbst nicht verlassen. Er sengt und brennt nach damaliger Kriegssitte und muss dann nach Baiern zurückkehren. Allein hier gerade erregten die Wühlereien des Herzogs Welf mehrere gefährliche Aufstände. Dieser nämlich gewann mehrere bairische

Fürsten; unter andern den Bischof von Freisingen, und so fiel letzteres in die Hände der Aufständischen. Sie durchziehen Baiern und kommen bis nach Regensburg, wo Heinrich sich damals aufhielt (*Böhmer N_o*. 1923). Heinrich rettete sich durch die List, Freundschaft gegen sie zu erheucheln, zunächst und erhielt dann alsbald Hilfe durch Herzog Heinrich von Schwaben und den Grafen Ratpoto. Freilich ging Regensburg kurz darauf nach ihrem Abzuge durch Ueberrumpelung verloren. Auch um Salzburg, dessen vertriebener Erzbischof, wie wir oben sahen, zu den hervorragendsten Gegnern Heinrichs gehörte, tobte der Kampf. Um nun die in Baiern und Sachsen gewonnenen Erfolge möglichst auszubeuten, berufen die Aufständischen, Sachsen, Schwaben und Baiern, eine allgemeine Versammlung nach Würzburg; zugleich schliessen sie die Stadt ein, um den vertriebenen Bischof Adalbero an Stelle des kaiserlichen Mejinhard einzusetzen. Heinrich kann die Versammlung nicht hindern, eilt aber mit einem bedeutenden Heere — nach Bernold mit 20,000 Mann — herbei, um wenigstens Würzburg zu entsetzen. Um den Entsatz dieser wichtigen Stadt wird dann die Schlacht bei Bleichfeld geschlagen, welche für den Kaiser entschieden unglücklich ablief. Bernold, welcher der Schlacht als Augenzeuge beiwohnte und das Datum derselben (11. August) genau angibt, erzählt, dass unter den Kaiserlichen ein grosses Blutbad angerichtet worden sei. Da auch die *Annales Aug.* (*ad* 1086) diese Thatsache bestätigen und Ekkehard ebenfalls der sächsischen Partei den Sieg zuschreibt, so können wir nicht zweifeln, dass Heinrich hier eine Niederlage erlitt.

Anm: Wenn Bernold und Sigebert angeben, dass auf Seiten der Sachsen nur 14 oder 15 Mann gefallen seien, so ist dies als eine jener lügenhaften Uebertreibungen anzusehen, wie sie der Siegesrausch eines siegenden Heeres wohl hervorruft.

Verloren ging die Schlacht dadurch, dass in Heinrichs Reihen unzeitige Flucht einriss. Die Fliehenden rissen die Uebrigen mit sich, so ward die Flucht allgemein. Aber nur die Berittenen konnten sich dem Feind entziehen; unter dem langsamer beweglichen Fussvolk ward ein gewaltiges Blutbad angerichtet. Die Folgen der Schlacht waren dagegen gering; die Berittenen auf kaiserlicher Seite waren fast alle entkommen; die gefallenen Bauern aber liessen sich leicht ersetzen. Ob die Niederlage nur in Folge eines unglücklichen Irrtums oder aber durch Feigheit und Verrath stattfand, wird sich schwer entscheiden lassen. Waltram (II. c. 28.) nimmt Verrath an und schiebt die Schuld auf den Kölner und Utrechter Zuzug, die *Ann. Aug.* lassen die Ursache der Niederlage unbestimmt. Das Datum der Schlacht ist nach wohlgezeugter Angabe der 11. August, der Jahrestag der Schlacht bei Höchstädt. Die unvermeidliche Folge derselben war der Verlust von Würzburg, wohin Adalbero zurückkehrte. Im Uebrigen ist die Schlacht bei Bleichfeld durchaus kein Entscheidungkampf gewesen, selbst Würzburg ward bald wiedergewonnen, und an der Sachlage der Verhältnisse änderte sie gar nichts. Im Ganzen war aber das Jahr 1086 den Gegnern Heinrichs durchaus günstig gewesen; nur genoss Niemand weniger die Früchte dieser Siege als König Hermann. Markgraf Ekbert, sein entschiedener Nebenbuhler, hatte ihn weit überflügelt; ihn nennt Waltram als den vornehmsten Führer in der Schlacht bei Bleichfeld und den darauf folgenden Ereignissen. (Ueber letztere cf. *Bernold* ad 1087. 88. *Annal. Aug.* 1087. 88. *Saxo Annal.* 1087 Waltram II c. 29. 33. 35).

Um Weihnachten 1086 belagerte Heinrich IV. eine Burg in Baiern; hier trafen Welf und der jüngere Berthold mit ihm zusammen und nöthigten ihn, von Neuem auf Verhandlungen einzugehn, die in Oppenheim stattfinden sollten (*Bern.*) Da aber Heinrich es nicht ernstlich damit meinte, dieselben vielmehr zu hindern suchte, so zerschlugen sie sich, ohne Erfolg (*Annal. Aug.*) Auch das Colloquium zu Speier „schlecht begonnen, schlechter geendet" (*Ann. Aug.*), welches wirklich zu Stande kam, verlief erfolglos, da die Sachsen Unmögliches forderten. Sie verlangten nämlich, Heinrich solle Lösung vom Banne nachsuchen. Dieser hätte damit Gregor und seine Partei anerkannt, Clemens fallen lassen und das Concil zu Mainz verleugnet; er hätte dadurch das, wofür er kämpfte, nämlich die Behauptung des kaiserlichen Ansehens gegenüber den Anmassungen des Papstes, selbst in den Staub getreten, hätte seine Vergangenheit und das Ziel seines Strebens selbst vernichtet. So traf ihn denn von Neuem das Verdammungsurtheil des Papstes Victor, welches zu Speier mitgetheilt wurde. Glücklicherweise fing diese Waffe schon damals an durch zu häufigen Missbrauch sich abzubrauchen, und nicht ein Priesterwort, sondern das gute deutsche Schwert sollte die Sache zur Entscheidung bringen. Heinrich unternahm im Jahre 1087 einen neuen Kriegszug gegen Sachsen, über welchen Bernold, die *Annal. Aug.* und der *Annalista Saxo* nicht leicht zu vereinigende Bruchstücke mittheilen. Was Waltram II c. 33.35. mittheilt, gehört hierher, wie aus der Vergleichung mit dem *Saxo Annal.* hervorgeht. Als Heinrich mit grossem Heer in Sachsen erschien (September 1087), widerstanden die Sachsen zuerst; bald aber des Krieges und seiner Verwüstungen müde wollen sie sich unterwerfen, wenn Heinrich ihr Land verlasse. Auf den Rath seiner Freunde geht dieser bis Hersfeld zurück. Dorthin hatte auch Ekbert, „welcher auch in diesem Kriege die erste Rolle spielte," (*princeps hujus quoque belli*) kommen wollen, um sich zu unterwerfen. Er erschien auch wirklich, bekräftigte seine Unterwerfung durch einen Eid und ward in Folge dessen von der früher über ihn verhängten Reichsacht (Böhmer No. 1922) befreit, auch erhielt er seine Markgrafschaft und seine Grafschaften zurück. Sicher gemacht durch diesen Erfolg hatte Heinrich aber wiederum sein Heer entlassen und konnte den bald darauf eidbrüchigen Ekbert deshalb nicht zur Erfüllung des Vertragenen zwingen. Ekbert aber war deshalb von Heinrich wieder abgefallen, weil ihm Erzbischof Hartwig und Bischof Burkhard Hoffnung auf die Königskrone gemacht hatten; ehrgeizig wie er war, gab er den geringern Gewinn für die heiss ersehnte Krone hin. Dass Ekbert schon im Beginn seines Hervortretens die Krone zum Ziel seines Strebens machte, berichtet auch Bernold. „Als Hermann einige Vortheile über Heinrich errang, gönnte ihm Ekbert den Sieg nicht und beschloss ihn zu stürzen." Ekbert stand Hermann offenbar nicht weniger im Wege als Heinrich; beide waren seine Nebenbuhler, nur war der letztere der gefährlichere. Aber „der Betrüger ward wieder betrogen" (Waltram und Bern.); Hartwig und Burkhard waren wenig geneigt, das sanfte Joch Hermanns mit dem des kräftigern und mächtigern Ekbert zu vertauschen. Offenbar hatten sie ihm das Versprechen der Krone nur als Köder hingehalten, um ihn von dem damals drohenden Kaiser abzuziehn. Als Ekbert daher Weihnachten 1087 seine Hoffnungen, Absichten und Krongelüste offener darlegte, traten alle auf Seite Hermanns; von Ekbert wollte eben Niemand etwas wissen. Dieser schrieb die Verfehlung seiner Absicht natürlich den oben genannten Bischöfen zu, wozu er volles Recht hatte, und wandte sich gegen sie. Burkhard starb in Folge einer Verwundung bei einem Aufstande in Goslar, bei welchem Ekbert die Hand im Spiele hatte (Waltr. II c. 35), zu Ilsenburg am 6. April 1088 (nach der Bestimmung des Datums durch Delius); Hartwig aber war nicht in der Lage, Ekbert und Heinrich zugleich zu widerstehn, und unterwarf sich. Auch er meinte es nicht redlich, sondern wühlte insgeheim gegen den Kaiser. Es konnte in diesem trüben Strudel von Verrath und Eigennutz Niemand dem andern trauen, und die Diener Gottes und der Kirche gingen dabei nicht gerade mit dem besten Beispiele voran. Ekbert überfiel Heinrich noch einmal und trieb ihn aus Sachsen; erst sein Tod (1090) endete den Aufstand gänzlich, welcher durch den Tod Burkhards und Gebhards von Salzburg (1088) bereits seine eifrigsten und geistig bedeutendsten Vorkämpfer verloren hatte.

V. Ende von Hermann's Regierung und sein Tod.

Cf. Bernold. ad 1088. De vita et obitu Heinr. IV. (M. G. SS. XII) c. 4. Annal. Aug. ad 1088. Waltram Apol. I c. 3. Ekkehard und Annal. Palidenses ad 1087. Ann. Brunsvilarenses und Rosenveldens. ad 1087. Ann. Leod. ad 1088. Sigeb. ad 1090. Annal. Hildesheim. ad 1086.

Als Ekberts Absicht auf die Krone gescheitert war und die Fürsten, wie Bernold erzählt, sich noch einmal zu Hermann zurückwandten, konnte dieser glauben, auf's Neue seine schwankende Krone befestigt zu sehen. Allein die Frucht von Ekbert's Misslingen fiel nicht ihm, sondern Heinrich zu. Es war dies in der Sachlage der Dinge begründet. Längst waren die Sachsen des Krieges müde; eine Partei unter ihnen hatte immer den Frieden gewünscht. Seitdem Heinrich nun die Geltung des nationalen Rechts, jenes alten Palladiums des Sachsenstammes, gewährt hatte, musste die Friedenspartei das entschiedenste Uebergewicht bekommen. So stand es im Sommer 1085. Von den weltlichen Häuptern war es nur der mächtige, wilde Ekbert, welcher im Bunde mit den erbitterten Bischöfen alle Elemente des Widerstandes noch einmal zusammenfasste, nicht etwa, um die Freiheit des Sachsenstammes zu schirmen, sondern nur um eigennützige Absichten durchzuführen. Als er durch die zu deutliche Kundgebung dieser Absicht alle Anhänger von sich abwandte, verlor der Aufstand selbst den letzten Boden; wer hätte bei der allgemeinen Neigung zum Frieden geneigt sein sollen, den machtlosen und längst zurückgedrängten König Hermann mit eigener Aufopferung zu unterstützen? So ward denn Heinrich 1088 von den Sachsen auf's Neue aufgenommen, und die

Herrschaft Hermann's fand damit von selbst ihr Ende. Er ging nach Lothringen zurück und starb bald nachher. Zu Metz liegt er begraben. (*Bernold* und *Sigebert*). Erst nach seinem Tode stellte ein erneuerter Aufstand Ekbert's die Herrschaft Heinrich's abermals in Frage.

Suchen wir näher die Art und Weise zu bestimmen, auf welche Hermann's Regierung ein Ende hatte, so finden sich auch hierüber verschiedene Angaben. Die *Annal. Aug.* und die *Vita Heinr.* erzählen, die Sachsen hätten ihn selbst vertreiben helfen, nothwendig war dies jedenfalls nicht. Auch die ausdrückliche Erlaubniss Heinrich's (*Ekkeh.* und *Annal. Halberstad. ed. Schatz p.* 46.) war wohl nur eine Formalität. Nicht ein einzelner Angriff, nicht ein besonderer Vertrag machte der Herrschaft Hermanns ein Ende; sondern der Verlauf der Dinge und seine schon von Anfang an machtlose Stellung. Sein Verschwinden vom Schauplatze des Kampfes scheint sehr spurlos gewesen zu sein; die Zeitangaben darüber schwanken zwischen 1086 und 1090. (*Sig.* u. *A. Hild.*). Die zuverlässigsten Quellen geben das Jahr 1088 an ohne weiteres Datum (*Bern.* und *A. Aug.*), und so dürfte die allgemeine Annahme dieses Jahres wohl am besten begründet sein. Die Art seines Todes theilt am ausführlichsten mit die *Vita Heinr.* Es heisst hier: „Als die Sachsen Hermann aus ihrem Lande vertrieben hatten, kehrte er in sein Vaterland zurück und begab sich zu dem Bischof von Trier (? es war Hermann von Metz), welcher in hartnäckiger Feindschaft gegen Heinrich beharrte. Als er einst eine Reise machte, wollte er Scherzes halber als vorgeblicher Feind in das Kastell eindringen, wohin sein Weg führte, um die Wachsamkeit der Besatzung zu prüfen. Bei seinem unerwarteten Eindringen warf ein Weib einen Mühlstein vom Thurme herab ihm auf den Kopf. So kam er durch Weibeshand um, „damit sein Tod schimpflicher wäre". Doch setzte man an des Weibes Stelle später einen Mann, „um den Schimpf zu vertuschen." Abgesehen davon, dass hier die Bischöfe von Trier und Metz verwechselt sind und dass Hermann von Metz erst 1089 (s. *Bern.*) in sein Bistum zurückkehrte, so erinnert dieser Bericht doch zu sehr an ähnliche Erzählungen aus dem Altertum, welche der Verfasser vermöge seiner Bildung recht gut kannte, und zeigt zu deutlich die Absicht, dem Andenken Hermann's einen Schimpf anzuhängen, als dass wir ihn gänzlich für wahr halten könnten. Die sagenhafte Ausschmückung einer wirklichen Thatsache ist hier nicht zu verkennen. Dass Hermann bei der Belagerung einer Burg fiel, bezeugen ausserdem: *Ekkehard*, *Sigebert*, *Wallram*, die *Annal. Aug.* und *Palidens.*; dass sein Tod durch einen Steinwurf herbeigeführt wurde, *Sigeb.*, die *Ann. Aug.*, *Pal.*, *Brunsv.*, *Leod.*, und dass dies bei einem Ueberfall geschah, deuten auch die *Ann. Aug.* an. Am nächsten dem Berichte der *Vita Heinr.* kommen die *Ann. Palid.* Hermann kam eines Tages von der Jagd zurück, fand seine Burg Cochem offen, wollte hineindringen und kam dabei durch einen Steinwurf um. Das *Chron. Magdeb.* ad 1086 nennt als die Burg, wo Hermann umkam, Lintberg (Limburg an der Lahn).

Wichtig ist für uns nur der eine Umstand, dass Hermann's Tod an der Stellung der Parteien durchaus nichts änderte. Schon seine Thronentsagung war fast bedeutungslos; er verschwand in das Dunkel, aus welchem er für eine Zeitlang aufgetaucht war, um den Interessen einer Partei als Werkzeug zu dienen.

VI. Allgemeine Bedeutung und Tendenz der Regierung Hermann's und des Gegenkönigtums unter Heinrich IV. überhaupt.

Schon im Beginn des Kampfes erkannten die Sachsen, dass zu der völligen Durchführung ihrer Absichten und Ansprüche die Wahl eines Gegenkönigs nothwendig sei; sie wollten daher bereits im Jahre 1073 Rudolph zu ihrem Könige wählen (*Lamb. p.* 203). Dieser aber verlangte, „in feierlicher Versammlung von allen Fürsten des Reichs gewählt zu werden ohne Schein des Meineides und Befleckung seines Rufes." Als dies nicht möglich war, schlug er die Krone aus. Richtig erkannte er, dass eine einseitige Wahl ihn nur zum Parteichef, nicht zum Reichsoberhaupte machen würde. Erst die Heiligung der Sache durch den Papst scheint später seine Bedenken gehoben zu haben. Danach drang man in Otto von Nordheim; auch dieser wich aus (*Lamb. p.* 208, 50). Rudolph nahm dann die Krone aus den Händen Gregor's „als ein Geschenk des Papstes." Ehe die Sachsen mit Gregor verbündet waren, kämpften sie nur für die Rechte und die Freiheit ihres Stammes; sie wollten nur ein tüchtiges Haupt und einen kräftigen Arm an ihrer Spitze haben und wünschten besonders nach dem Unglück an der Unstrut eine einheitliche Leitung (*Lamb. p.* 233, 95). Als sie aber an Gregor als dem gemeinsamen Feinde gegen die kaiserliche Uebermacht einen Verbündeten gewonnen hatten, konnten sie wähnen, für die Sache

Gottes zu streiten, und es schien für die Stellung des Gegenkönigs Rudolph eine breite ideale Grundlage gewonnen zu sein. Bald aber durchlöcherte sich der Grund, auf dem er stand, und der ideale Vorhang konnte die realen Mächte der Sünde und Leidenschaft, der Hab- und Herrschsucht und des niedrigsten Eigennutzes nicht mehr verdecken.

Um die allgemeine Bedeutung des Gegenkönigtums richtig zu bestimmen, ist es vor allen Dingen nöthig, das Verhältniss Gregor's zu demselben anzugeben. In dem *Registrum Gregorii*, wovon wir leider nur eine ältere Ausgabe (in *Sacrosancta Concilia ed. Coleti Tom. XII*, p. 234—538) benutzen konnten, sind hierfür ziemlich ausreichende Belege vorhanden.

Das letzte Ziel Gregor's war, wie aus dem von dem neuen Könige geforderten Eide hervorgeht (*Reg. IX*, 3), das deutsche Königtum zu einem „päpstlichen Lehn" zu machen. (*Eo die, quando illum primitus videro, fideliter per manus meas miles* [d. i. Lehnsmann] *s. Petri et illius* [*sc. Gregorii*] *efficiar!*) Dass diese Auffassung schon dem ersten gegen Heinrich geschleuderten Bannfluche zu Grunde lag, spricht letzterer in seinem Briefe an Gregor (*Cod. Udalrici Nr.* 163) selbst aus, indem er diesem vorwirft, er wolle aus dem Königtum von Gottes Gnaden eines von Papstes Gnaden machen (*quasi in tua et non in Dei manu sit vel regnum vel imperium*). In demselben Sinne klagt Gregor, dass Rudolph „ohne seinen Rath und Vorschrift" gewählt worden sei (*Reg. IX*, 28 und in den Verhandlungen des *Concil. Roman. v.* 1080). Nach Rudolph's Tode ist sein Bestreben nur darauf gerichtet, einen König gewählt zu sehen, „der ihm gehorsam (!!)

und der heiligen Kirche demuetig ergeben sei" (*Reg. IX*, 3). Um nun dieses Ziel zu erreichen, galt es die herrschende Dynastie zu beseitigen; denn es war nicht zu erwarten, dass diese in so masslose Forderungen willigen würde. Ausserdem ruht ja das erbliche Königtum vorwiegend auf einem natürlichen Verhältniss, das Wahlkönigtum dagegen konnte sich damals wenigstens vorzüglich nur auf die kirchliche Weihe stützen; in sich schwach hätte es dem Schicksale, ganz unter die Botmässigkeit Roms zu kommen, kaum entgehen können. Gregor hatte also vollen Grund, das Gegenkönigtum Rudolph's und Hermann's zu unterstützen. Auf der andern Seite aber waren die Gegenkönige trotz ihrer Schwäche wenig geneigt, den Forderungen des Papstes völlig Genüge zu thun; sie konnten es nicht, ohne bei den Ihrigen in Verachtung zu fallen. Soviel Nationalgefühl wird in unserm Volke allewege noch gewesen sein, dass man den Gedanken, das erste Königtum der Welt in ein päpstliches Lehn verwandelt zu sehen, nur mit Abscheu ertragen konnte. Dass es ferner Gregor nicht etwa um Unterstützung der vermeintlich unterdrückten Sachsen zu thun war, sondern nur um die Verfolgung seiner gerade nicht sehr uneigennützigen Zwecke, ist aus verschiedenen Umständen klar. Nach der Schlacht an der Unstrut schreibt Gregor an Heinrich: (*Reg. III*, 7.) „Darüber, dass der Uebermuth der Sachsen, die euch ungerechter Weise widerstehn, durch göttliches Gericht von eurem Angesicht vertilgt worden ist, muss man sich freuen." Dass aber auch dann noch, als die Sachsen sich an ihn gewandt hatten, die gegenseitige Freundschaft schwach war, geht aus den von Bruno mitgetheilten, bekannten Schreiben hervor, welche die Sachsen an Gregor erliessen. „Obgleich, so schreiben sie, ihr Verstand viel zu schwach ist, um die Tiefen der päpstlichen Weisheit zu durchdringen, so können sie doch nicht umhin, immer deutlichere Hahnenschreie vor dem Stuhle St. Peters ertönen zu lassen. Sie hätten eher geglaubt, die Sonne würde stillstehen und die Erde sich bewegen, als dass St. Peter wankte, sie wollen eine Antwort und eine Handlungsweise „ohne Vorspiegelungen und Umschweife." Endlich schieben sie ihm ihr Unglück scharf in's Gewissen; er werde es vor Gottes Richterstuhl verantworten müssen; ja sie wagen es endlich, „trotz ihres schwachen Verstandes," die päpstlichen Geheimnisse zu enthüllen: „die Wölfe lasse man wüthen; nur sie, die armen Schafe, müssten leiden"; Gregor solle nun endlich ein Einsehen haben und ein Herz für sie fassen (*redeatis ad cor;*) (*cf. Bruno c.* 108. 110. 112. 114. 115.). Auch das Benehmen der päpstlichen Legaten war nicht sehr vertrauenerweckend; der sächsische Parteihistoriker Bruno sagt von ihnen: „Sie zogen umher bei dieser und jener Partei, versprachen beiden die päpstliche Gunst und hatten nichts mehr im Auge, als möglichst viel Geld nach Rom zu schaffen!" (*c.* 116.) Gregor selbst aber schwankte bis zum Jahre 1080.

Unsere Absicht war zu zeigen, wie lose und unzuverlässig das Band war, das die Sachsen und Gregor verknüpfte. Was hatten die Interessen der kirchlichen Reformpartei, an deren Spitze Gregor doch stand, mit denen des sächsischen Aufstandes zu thun? Die vertriebenen gregorianischen Bischöfe suchten allerdings bei den Aufständischen Zuflucht und Hilfe; doch nicht aus innerer Sympathie, sondern nur, weil ihnen jede andere Anlehnung fehlte. Auch die übrigen Bestandtheile der Partei hingen nur lose zusammen. Wir sahen oben, dass Thüringer und Sachsen nach der Schlacht an der Unstrut kaum zusammengehalten werden konnten, selbst Fürsten und Volk unter den Sachsen entzweiten sich. Wie unzuverlässig musste erst das Band sein, welches Sachsen und Schwaben verknüpfte, und wie gering das Zutrauen der erstern zu einem Könige, welcher kurz zuvor noch ganz hervorragend zu ihrem Verderben thätig gewesen war. Auf so schwachen Grundlagen ruhte Rudolph's Königtum. Selbst in der Darstellung Bruno's sieht man, trotz der zwischen Welf und Otto und andern gewechselten Friedensküsse, trotz des Wettstreites der Liebe und Entsagung vor Rudolphs Wahl (c. 88), durch die dünne Tünche hindurch den Riss schimmern, der die nur nothdürftig gebundenen Elemente der Partei schied, man traute dem Frieden nicht recht und hatte den Tag an der Unstrut nicht vergessen. Und wie mochte es erst stehen um die „allerseits zustimmende Kundgebung des ganzen Volkes," welche Berthold (*ad* 1077) erwähnt, wenn wir kurz darauf erfahren, dass die Mainzer den neu gewählten König bei Gelegenheit seiner Consecration am liebsten aus ihrer Stadt heraus geworfen hätten! Dieses neue Wahlkönigtum achtete eben Niemand; jeder suchte nur seine Sonderzwecke durch dasselbe zu erreichen. Es war recht schön und gut, dass der päpstliche Legat den neuen König auf seine Pflicht, für das Ganze zu sorgen (*eum non singulorum sed universorum fore regem. Bruno c.* 91) aufmerksam machte; allein es liess sich nicht ausführen. Bald wurde offenbar, wie gefährlich der gleissende Schimmer einer Krone ohne entsprechendes reales Machtfundament für den Träger derselben ist. Die Krone, welche Rudolph zu Forchheim empfing, war wahrlich ein Danaer-Geschenk und wurde ihrem Inhaber bald eine dornenvolle Bürde. Schon bald nach der Wahl zogen sich die Fürsten „Mann für Mann" (*viritim*) von Rudolph zurück, selbst seine Vasallen und früher treuen Anhänger (*Berthold p.* 292). Auch dem Papste konnte er wegen Mangels an Streitern nicht helfen; er war fast von allen verlassen und hatte weiter nichts erreicht, als dass der Krieg sich nun vorzugsweise nach Schwaben zog und das früher blühende Land verwüstete (*Berth. p.* 294). Ihm, den selbst die gegnerische *vita Heinrici* „einen ausgezeichneten Heerführer, einen Mann von grossem Ansehen und wohl berufen im ganzen Reiche, von geradem und rechtschaffenem Sinne, waffentüchtig und erprobt in jeder Art von Tugenden" nennt, der als Herzog von Schwaben ein mächtiger und unbescholtener Fürst gewesen war, hatte das Schicksal durch diese Krone seine Freunde geraubt und ihn unstät und flüchtig gemacht auf Erden. Er musste Schwaben verlassen und in Sachsen unter Scheinfreunden eine neue Heimat suchen. Die Krone brannte auf seinem Haupte, und wenn es wahr ist, dass er sterbend in zu später Reue den blutigen Armesstumpf zum Himmel erhoben und die Hand verflucht hat, die einst Treue gelobt und dann diese Treue gebrochen, so hat er sein Schicksal erkannt und die Quelle seines Leides und Unglücks richtig bezeichnet. Man wird uns diese Abschweifung von unserer nähern Aufgabe verzeihen; sie sollte darauf hinweisen, dass die Schwäche von Rudolphs Regierung nicht auf einzelnen Unglücksfällen, auch nicht auf der Untüchtigkeit seiner Person beruhte; sondern vielmehr aus allgemeinen Verhältnissen zu erklären ist, welche während Hermann's Regierung für diesen sich noch immer ungünstiger gestalteten und deshalb noch geringere Erfolge bedingen mussten. Die Schwäche der Partei, durch welche Hermann mit der Krone ausgestattet wurde, beruhte auf der erzwungenen Einigung ganz disparater Bestandtheile und in sich verschiedenartiger Interessen, und diese Schwäche hätte auch der kräftigste Herrscher nicht ganz beseitigen können; selbst wenn er, um mich eines später üblichen Ausdruckes zu bedienen, eine grössere Hausmacht als Hermann zur Verfügung gehabt hätte. Was aber von idealeren Motiven im Beginne des Aufstandes der Sache, die man verfocht, noch Gewicht und Ansehen geben mochte, wie die Begeisterung für das sächsische Stammrecht und Stammesfreiheit und die Reformtendenzen von Seiten der Bischöfe, das musste sich im Verlaufe des immer entsittlichender wirkenden Krieges mehr und mehr abschleifen, und so schwand der letzte Schein, als handele es sich um etwas anderes als um Befriedigung des Hasses und des Eigennutzes Einzelner. Wie dies besonders, seitdem Ekbert in den Vordergrund trat, klar werden musste, haben wir oben gesehen. Allgemeine Erschlaffung und Gleichgiltigkeit haben den Aufstand sicherer zu Ende gebracht als gewonnene Schlachten und geschlossene Verträge. Die vorstehende Darstellung haben wir, um nicht parteiisch zu sein, gerade auf solche Schriftsteller gestützt, welche entschieden gegen Heinrich und für Rudolph gesinnt sind, auf Lambert, Bruno, Berthold.

War nun aber die Sachlage der Dinge eine solche, wie wir uns zu zeigen bemühten, so dürfte es fast weniger befremdend sein, dass man Hermann wählte, als vielmehr, dass derselbe unter so bewandten Umständen die Krone annahm. Dennoch können wir die Frage nach den Gründen für Hermann's Wahl nicht ganz umgehen. Hermann wird bei keinem einzigen Schriftsteller vor seiner Wahl als irgendwie hervortretend, geschweige denn als Parteihaupt genannt.

Anm. An zwei Stellen nennt Lambert einen Hermann von Gleiberg (p. 227, 30 und 232). Dieser giebt in der Schlacht an der Unstrut dem Kampfe durch tapferes Vordringen eine andere Wendung und ist der einzige Begleiter Heinrichs auf dem Zuge nach Böhmen. Er erscheint also als tapferer Heerführer und durch des Kaisers Gunst ganz besonders ausgezeichnet. Da nun das *Chron. Petershusanum* den Gegenkönig einen Franken von Gleiberg nennt und die Luxemburger auch in dem *Anonymus Weingart.* ein salischfränkisches Geschlecht genannt werden, so könnte man auf den Gedanken kommen, dieser Hermann von Gleiberg sei der Gegenkönig. Allein der von Wenck und andern angeführte Grund, dass eine so auffallende Aenderung in der Parteistellung von den gleichzeitigen Schriftstellern unmöglich hätte unbemerkt bleiben können, erscheint uns hinreichend, diese Identität zu verwerfen.

Wenn nun, wie wir aus dem Schweigen auch der ihm günstigen Quellen wohl schliessen dürfen, Hermann persönlich weder durch Thaten noch durch glänzende Eigenschaften hervorstach, so könnte vielleicht der Grund vorgewaltet haben, durch seine Wahl ein mächtiges und reich begütertes Geschlecht an die Partei zu ketten.

Allein gerade die Häupter und ausgezeichnetsten Mitglieder des luxemburgischen Hauses, wie Graf Konrad von Luxemburg, der oben erwähnte Hermann von Gleiberg, sowie der gleichnamige Pfalzgraf von Achen standen so entschieden und unwandelbar auf Seiten des Kaisers, dass man schwerlich hoffen konnte, diese durch die Wahl eines jüngeren Sprosses des Hauses zum Uebertritt zu bewegen. Des Gegenkönigs eigener Landbesitz aber lag der Hauptsache nach so fern, dass er der sächsischen Partei dadurch nur ganz geringe Dienste leisten konnte. Aus eben diesem Mangel erklärt sich wohl auch seine machtlose Stellung innerhalb seiner Partei, so dass die *vita Heinr.* spottend ausruft: „Was war das für ein Königtum, das nicht einmal von eigenem Gute zehren konnte!" Gerade in Lothringen, Hermann's Heimat, war die gregorianiche Partei am schwächsten vertreten, das *Chron. Hug. Flaviniac. pag.* 461 führt an: „Nur wenige Bischöfe in Lothringen (Pibo von Toul und Hermann von Metz) waren für Gregor, die meisten waren für Heinrich; man nannte die Gregorianer spottend Pateriner." Hermann von Metz, dessen Lehnsmann der Gegenkönig genannt wird (*Sigeb. ad* 1082), war selbst flüchtig. Von der sehr zerstückelten gleibergischen Herrschaft besass Hermann wohl kaum etwas (s. oben die Spaltung der Linien).

Wenn es uns demnach unmöglich erscheint, positive Gründe für Hermann's Wahl aufzubringen, so ist es durchaus nicht unwahrscheinlich, was Waltram II, c. 16 andeutet und was Flotho (Geschichte H.'s IV.) neuerdings angenommen hat, dass die Machtlosigkeit Hermann's den leitenden Häuptern der Partei gerade genehm war, und dass sie ihn nicht sowohl trotz als vielmehr wegen dieses Umstandes wählten. Dem Charakter eines Welf und Ekbert ist dergleichen wohl zuzutrauen. Otto von Nordheim schwankte; ihn selbst wird bei seiner Lebenserfahrung und politischen Einsicht schwerlich nach der Krone gelüstet haben. Mehr allerdings hätte Gregor und den vertriebenen Bischöfen an der Wahl eines kräftigeren Oberhauptes liegen müssen; diese aber waren durchaus nicht in der Lage, auf die Wahl irgendwie entscheidend einzuwirken. Von der Betheiligung Gregor's an derselben wissen wir nichts. Er schrieb allerdings am 31. März 1081 an Bischof Altmann von Passau (*vita Altm. c.* 30. und *Reg. IX*, 3), er wünsche einen gehorsamen, gefügigen König gewählt zu sehen; allein bald war er selbst des Schutzes bedürftig, denn Heinrich bedrängte ihn hart. Auch die vertriebenen Bischöfe erscheinen nur als Hilfeflehende, und die weltlichen Häupter mögen wenig geneigt gewesen sein, ihre Interessen vorwiegend zu berücksichtigen. Wie aber auch das Motiv von Hermann's Wahl beschaffen gewesen sein mag, der Verlauf seiner Regierung zeigt, dass er kaum mehr war als ein Spielball seiner eigenen Partei. Die an sich unbedeutende Schlacht bei Höchstädt ist die einzige, wo er persönlich mit an der Spitze des Heeres erscheint. In Sachsen war Otto von Nordheim entschieden nur dem Namen nach der zweite; nach dessen Tode droht seine Partei „auseinander zu fallen". Selbst unbedeutende Raubzüge, wie der gegen die Feste Iburg, missglückten. Im Kampfe mit Heinrich erscheint Hermann fast nie im Vordergrunde; bei Bleichfeld siegte sein Nebenbuhler und gefährlichster Gegner Ekbert. Auf der Synode zu Quedlinburg wird er kaum vor einer unerquicklichen Untersuchung seiner Familienverhältnisse gerettet. Dass Ekbert nicht bessere Erfolge erzielte, bewirkte nicht Hermann's Macht, sondern Ekbert's missliebige Persönlichkeit. Es sei uns erlaubt, auf letztern, welcher in der letzten Hälfte von Hermann's Regierung so sehr hervortritt, einen kurzen Blick zu werfen. Reich und mächtig durch väterliches Erbe, tapfer nach der Sitte seines Volks, schlau und scharfsinnig in Erzielung momentaner Vortheile, rücksichtslos, eid- und wortbrüchig, fehlte es ihm an jener die Herzen gewinnenden Liebenswürdigkeit, die Kaiser Heinrich in so hohem Grade eigen war, an besonnener Stetigkeit und höherer politischer Einsicht. Er erregte mehr Hass und Furcht, als Achtung und Liebe und wurde durch schroffen Parteiwechsel zuletzt allen verdächtig, so dass seine Hand wider Jedermann und Jedermanns Hand wider ihn war. Als er durch meuchlerischen Ueberfall in einsamer Mühle an der Selke einen frühen Tod fand, konnte dieser als eine gerechte Sühne der mancherlei Makel und Sünden seines Lebens erscheinen.

Ein solcher Gegner musste für den schwachen Gegenkönig höchst gefährlich werden, und es ist kaum übertrieben, wenn die *vita Heinrici* sagt, dass Hermann nach dem Hervortreten Ekbert's von der Königswürde kaum mehr übrig geblieben sei als der Name. Etwas Genaueres theilt Waltram II, c. 16 über ihn mit: „Er wurde von Bischöfen und Fürsten verachtet, alle verfolgten nur ihre eigenen Souderabsichten unter seiner Regierung." Einst sah ihn Waltram im Sachsenlager; „aber er stand weder als Kriegshaupt an der Spitze des Heeres, noch ward er zu den Colloquien der Fürsten zugelassen." Als ihn Waltram wegen einer drohenden Gefahr um Schutz bat, antwortete er: "Er könne weder sich noch andern helfen." "Den ersten Rang aber nahmen im Lager ein Markgraf Ekbert und die Söhne Otto's von Nordheim, denen kaum der Flaum wuchs." Hofgericht und Reichsverwaltung waren in den Händen Hartwig's von Magdeburg und Burkhard's von Halberstadt. Vrgl. c. 15 u. 25: "Hermann genoss auch bei seiner eigenen Partei nicht königliche Ehre."

Ebenso urtheilt Ekkehard über ihn (ad 1082): "Ein mächtiger und erlauchter Herr, dem in seinem Lande (Lothringen) niemand an Kriegstüchtigkeit und Besitz gleich kam, sank er, nachdem er den Königstitel angenommen hatte, in kurzer Zeit bei Freund und Feind in Verachtung."

Obgleich diese Zeugnisse allerdings von Hermann's Gegnern herstammen, so tragen sie doch nicht im Geringsten den Stempel des persönlichen Hasses an sich, und auch das Schweigen Bernold's über dessen Grossthaten ist ein beredtes Zeugniss. Hätte Bernold solche gewusst, er hätte sie gewiss mitgetheilt. Die Annahme einer Krone unter Umständen, wie sie bei Hermann statt hatten, beweist entweder das höchste Kraftgefühl eines starken Geistes, oder aber, wie dies bei Hermann entschieden der Fall war, Unkenntniss der Sachlage und Mangel an politischer Urtheilskraft. Wer aus seinem Kreise tritt und nach einer Krone greift, der muss wissen, was er thut. Er kann nicht mehr rückwärts, er muss vorwärts oder aber an den entgegenstehenden Hindernissen zerschellen. Hermann selbst ist wenig anzuklagen. Das Schicksal warf ihn in einen Brodel trüber Leidenschaften und auch wohl ein Stärkerer wäre kaum sicher gewandelt auf einem Boden, welcher durch Zerrüttung aller sittlichen und rechtlichen Verhältnisse so tief unterwühlt war. Blicken wir zuletzt noch kurz auf den Rechtsboden des Gegenkönigtums. Alles dreht sich hier um die Frage, ob Gregor zu der Auflösung des Lehnseides berechtigt war oder nicht. Die Plumpheit einer Sophistik, durch welche Gregor die kirchliche Excommunication auf das politische Gebiet überzutragen suchte, ist schon damals, besonders von Waltram, aufgedeckt worden. Wie unleugbar sind Waltram's Sätze, dass das geistliche Gericht nur das Schwert Gottes d. h. das Wort Gottes zur Verfügung habe (I, c. 3), dass Reich und Staat nur bestehen können durch Achtung vor dem Gesetze (II, c. 33). Schon damals ist diese Lösung des Lehnseides ein „neuer und unerhörter Frevel" mit Recht genannt worden (*Cod. Udalr. No.* 172. 159. 160: *qui profanis novitatibus studet*). Die Macht des Papstes, geschworene Eide zu lösen, war eine Fiction, die auch im historischen Rechte nicht den geringsten Anhalt findet, dagegen allen sittlichen und staatlichen Ordnungen frevelhaften Hohn spricht. Es ist uns unbegreiflich, dass selbst deutsche Historiker das Verfahren Gregor's haben vertheidigen können. Wenn Professor Leo, der eifrigste Anwalt Gregor's, bei Erwähnung und Anerkennung der Verdienste Gustav Adolph's oder Napoleon's I. richtig bemerkt, dass wir Deutsche gerade keinen Anlass hätten, diese Verdienste hervorzukehren, so dürfte dies in Bezug auf Gregor noch mehr

gelten. Er hat durch die Lösung des Lehnseides der
Treue das sittliche Leben der deutschen Nation an der
Wurzel vergiftet und deren herrlichste Tugenden, Treue
und Anhänglichkeit an den rechtmässigen Herrscher, zu
Schanden gemacht; er ist, wenn auch nicht die einzige
Ursache, so doch der vorwiegende Beförderer eines gräul-
vollen Bürgerkriegs geworden, der die Gauen unsers Va-
terlandes verwüstet hat. Gegen ihn zeugt das Elend der
Hohenstaufenzeit; der Kampf, den er anfachte, führte
den letzten Hohenstaufen auf das Blutgerüst zu Neapel
und das blutige Haupt jenes blondgelockten kaiserlichen
Jünglings, welches dort dem Hasse der Päpste und der
Herrsch- und Habsucht eines Anjou zum Opfer fiel, sollte
unsere Nation daran erinnern, welcher Art die vielfach.
gepriesenen Früchte sind, die wir Gregor VII. zu ver-
danken haben. Schon Papst Clemens nennt jene Lösung
des Lehnseides „die Wurzel und den Urquell aller übrigen Schandthaten." (*Cod. Udalr.* 168.) Sollte Gregor, der
kluge und, wo es seinen eigen Vortheil galt, so sehr
vorsichtige Mann, die Tragweite dieser frevelhaften Mass-
regel nicht haben ermessen können? In vielen seiner
Briefe klagt er über das in Deutschland waltende Elend
selbst, kannte er die wahre Ursache desselben nicht?
Selbst die oft hervorgehobene Aufrichtigkeit und Con-
sequenz der Absichten Gregor's müssen wir bedeutend
in Zweifel ziehen. Wie wenig die Sachsen und König
Rudolph sich auf ihn verlassen konnten und wirklich
verliessen, haben wir oben gesehen; auch in seinem Verhältniss zu Kaiser Heinrich sind manchfache Wandlungen zu bemerken. Wir können auf diesen vielbesproche-
nen und unserer Aufgabe ferner liegenden Punkt nicht

näher eingehen; nur das Eine sei uns erlaubt hervorzuheben, welche Ansicht Gregor von der königlichen Macht hegte, um daraus zu erkennen, wie wenig auch das Gegenkönigtum an ihm eine wirkliche Stütze finden konnte. Nachdem er (*Reg. I*, 19) an Rudolph noch geschrieben: „Wie der Körper durch zwei Augen regiert werde, so müsse der Leib der Kirche durch die geistliche und die königliche Gewalt erleuchtet und gelenkt werden," nachdem er selbst gegen Heinrich anerkannt hat (*Reg. II*, 31), „dass Gott diesen auf die höchste Höhe menschlicher Dinge gestellt habe," stellt er später eine Ansicht auf, welche nur von den Jesuiten aufgenommen worden ist. Er schreibt nämlich an Hermann von Metz (*Reg. IV*, 2): „Jene (die königliche Gewalt) hat menschlicher Hochmut erfunden, diese (die bischöfliche) die göttliche Güte eingesetzt; jene trachtet stets nach eitlem Ruhm, diese erstrebt das himmlische Leben!" und ferner (*Reg. VIII*, 21) an denselben: „Wer weiss nicht, dass die Könige von denen stammen, welche Gott nicht kennen, sondern durch Hochmut, Raub, Mord, Treulosigkeit, ja fast durch alle Schandthaten, unter **Mitwirkung des Teufels**, über ihres Gleichen zu herrschen sich angemasst haben! **Könige sind des Teufels Leib.**" Sollte man nicht wähnen, eine Stimme aus dem revolutionären Nationalconvent zu vernehmen? Es ist dies das Debut einer Doctrin, welche später offen den Königsmord gelehrt und die Dolche eines Chastel, eines Clément und Ravaillac, Babington und Savage in Bewegung gesetzt hat; das Debut einer Politik, welche von jeher in jedem ihren Zwecken dienenden Frevel eine Manifestation des göttlichen Willens gesehen hat (vrgl. Ranke, Französische

Gesch. II, 145). So verband sich Gregor factisch und principiell mit der politischen Revolution; wie hätte er einer staatlichen Macht, wie sie doch auch das Gegenkönigtum versuchen musste zu repräsentiren, zur Stütze dienen können? Sein Bestreben ging zuletzt da hinaus, „nicht blos Heinrich, sondern jeder weltlichen Auctorität ihre nothwendigen sittlichen Grundlagen zu rauben; an einen solchen Verbündeten hätte auch selbst der machtlose Gegenkönig Hermann sich nicht anlehnen können. Glücklicherweise gelang es damals noch nicht, an die Stelle der salischen Dynastie ein Wahlkönigtum zu setzen, das sich vor allem hätte auf Rom stützen müssen. Die Frucht von Heinrich's IV. endlicher Niederlage genoss wiederum ein Salier, und dieser war ein um so gefährlicherer Feind, als er die Taktik der Päpste, mit Hilfe von Meineiden und Treubruch, von Lug und Verrath zu kämpfen, in päpstlicher Schule nur zu gut gelernt hatte. Dieses Misslingen des Versuchs, unter päpstlicher Aegide ein machtloses Wahlkönigtum zu gründen, halten wir für das hauptsächlichste historische Resultat von Hermann's Regierung, und in diesem Zusammenhange erhalten die oft kleinlichen Kämpfe und Verhandlungen, welche wir darzustellen hatten, im Ganzen der Geschichte Bedeutung und Wichtigkeit.

Verbesserung:

Seite 11 Z. 2 v. o.: 1081 statt 1801.